CATALOGUE

DE

TABLEAUX MODERNES

TRÈS-IMPORTANTS

Provenant de la Collection d'un Amateur

(le Prince Paul Demidoff)

VENTE

Le Jeudi 26 Février 1863, à trois heures très-précises

Mᵉ **ESCRIBE**, Commissaire-Priseur.
M. F. **PETIT**, Expert.

RENOU ET MAULDE

IMPRIMEURS DE LA COMPAGNIE DES COMMISSAIRES-PRISEURS

Rue de Rivoli, 144

CATALOGUE

DE

TABLEAUX MODERNES

TRÈS-IMPORTANTS

Provenant de la Collection d'un Amateur

ET

DONT LA VENTE AURA LIEU

HOTEL DROUOT

SALLE N° 5

Le Jeudi 26 Février 1863, à trois heures très-précises

Par le ministère de Me **ESCRIBE**, Commissaire-Priseur,
rue Saint-Honoré, 217,

Assisté de **M. F. PETIT**, Expert, rue de Provence, 43.

EXPOSITION PARTICULIÈRE

Le Mardi 24 Février 1863, de une heure à cinq heures.

EXPOSITION PUBLIQUE

Le Mercredi 25, de une heure à cinq heures.

PARIS — 1863

CONDITIONS DE LA VENTE

Elle sera faite expressément au comptant.

Les Acquéreurs paieront cinq pour cent en sus du prix d'adjudication, applicables aux frais.

LE CATALOGUE SE DISTRIBUE :

A Paris.......... Chez **MM. ESCRIBE**, Commissaire-Priseur.

— — — **F. PETIT**, Expert.

A Bruxelles..... — **E. LEROY.**

— — — **HOLLANDER.**

A Rotterdam... — **LAMME.**

A La Haye..... — **VAN GOGH.**

A Amsterdam .. — **DEVRIES.**

A Londres...... — **GAMBART.**

DÉSIGNATION

ROSA BONHEUR

g.^d d'Hertford 1 — Chevreuils dans un fourré.   7520 „

H. 18 c. L. 24 c.

DECAMPS

Rederon 2 — Les Singes cuisiniers.   26000 „

Composition importante.

H. 66 c. L. 90 c.

DECAMPS

Rederon 3 — Le Marchand d'oranges.   12000 „

H. 48 c. L. 65 c.

a reporter   45520 „

DECAMPS

Cte du Lau   4 — Paysage. Effet du soir.   *5600*

> Sur le premier plan un chasseur tire une bécasse qui s'échappe d'une mare.

> H. 40 c. L. 65 c.

GALLAIT

Marquis d'Hertford 5 — Le duc d'Albe dans les Pays-Bas.   *15500*

> Arrivé dans les Pays-Bas pour étendre la domination espagnole, il établit, de son autorité privée, un tribunal inquisitorial qu'il appelle conseil des troubles. Il vient de nommer Vargas président de ce tribunal et lui fait jurer sur l'Évangile d'être inexorable dans ses fonctions.

> H. 100 c. L. 80 c.

GALLAIT

Hollender   6 — La Chute des feuilles.   *16050*

> Une jeune mère, épuisée de fatigue, et tenant ses deux enfants sur ses genoux, s'endort au son d'une musique qu'exécute doucement un jeune homme sur lequel elle s'appuie.

> H. 78 c. L. 60 c.

à reporter   *82670*

— 5 —   *Report*   82670   ..

JADIN

deron   7 — Valet de chiens couplant des limiers.   2500   ..

H. 120 c. L. 183 c.

LEYS

ng à Herfort 8 — Frans Floris se rendant à une fête du Ser-
          ment de saint Luc.   19000

H. 65 c. L. 85 c.

LEYS

ambart   9 — La Fête du Serment de saint Luc.   13700   ..

H. 65 c. L. 85 c.

LEYS

te de Choiseul 10 — Le Message.   13500   ..
rue Royale

Une jeune femme lit une lettre que vient de lui apporter
un page.

H. 80 c. L. 95 c.

à reporter   131370   ..

 Report 131370

LEOPOLD ROBERT

Obry 11 — Le vieux Pâtre et son fils. 2450

H. 45 c. L. 35 c.

ARY SCHEFFER

Gambart 12 — Marthe et Marguerite. 4100

H. 60 c. L. 50 c.

ARY SCHEFFER

P.ce Paul Demidof 13 — Léonore. 5500

La fiancée s'élance en hâte et saute sur le coursier, enlace le cavalier bien aimé avec ses mains de lys : et hourrah! hourrah! hop! hop! hop! ils partent au galop le plus effréné, cheval et cavalier soufflent et font tourbillonner les étincelles et les pierres.

LÉONORE, ballade de Bürger.

H. 55 c. L. 98 c.

HORACE VERNET

M.is d'Hertford 14 — Un Bachi-Bousouk. 12400

Assis, tout armé, dans une cour ; il fume et prend une tasse de café.

H. 35 c. L. 46 c.

à reporter 155820

PHILIPPOTEAUX

d'Hertfort 15 — Une Razzia.   1650 .

Des Arabes fuient, poursuivis par des chasseurs d'A-
frique.

FAUVELET

Lemarois 16 — Confidence.   330 .

PÉCRUS

André 17 — Jeune Fille à sa toilette.   305 .

Total de la Vente   158105 .
5 pour %   790525

Total   16601025

RENOU et MAULDE, imprimeurs de la Compagnie des Commissaires-Priseurs,
rue de Rivoli, 144.   19887

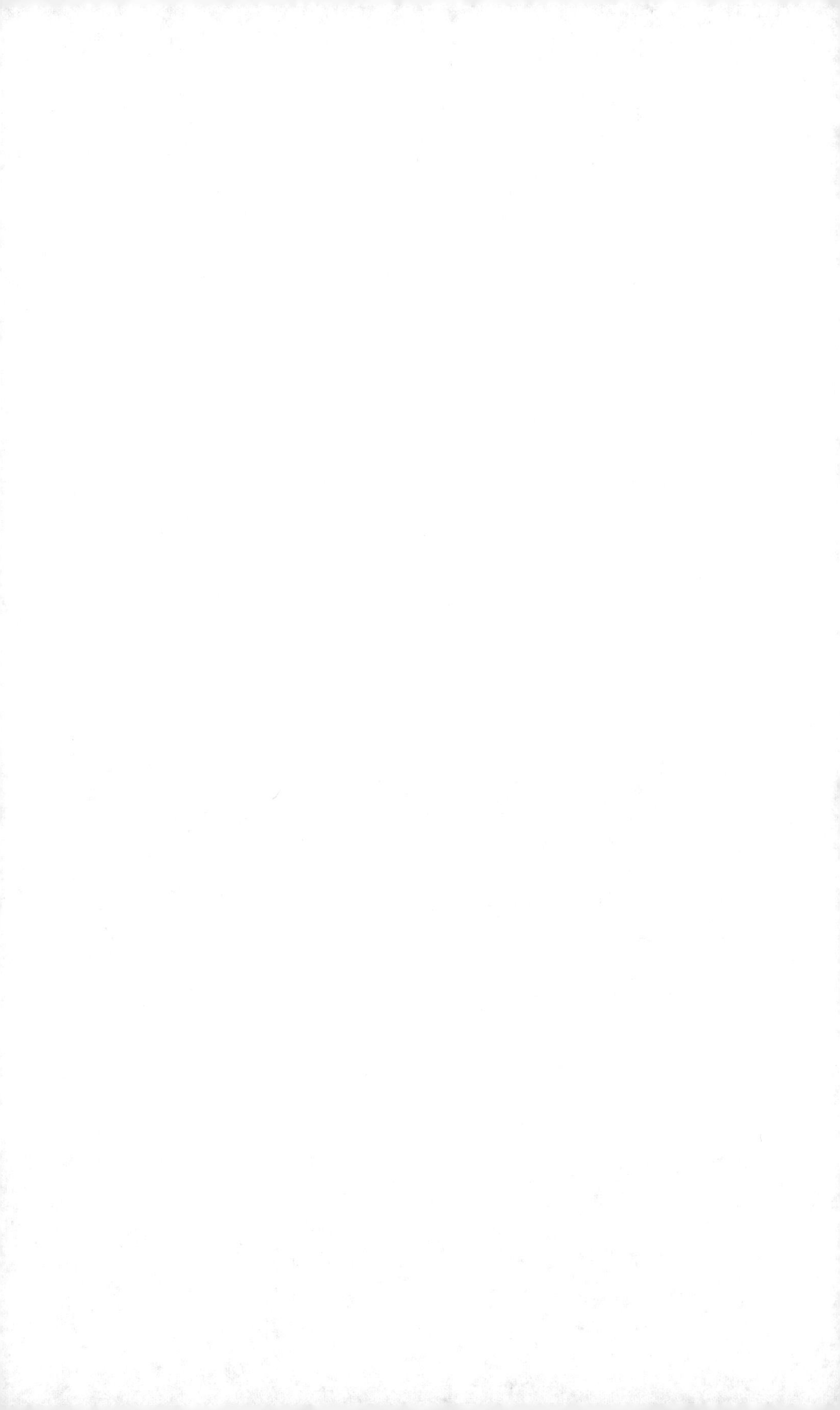